AF457468

VENTE

Après Décès

HOTEL DROUOT — SALLE N° 5

Les Mardi 23 et Mercredi 24 Juin 1908

A DEUX HEURES

FAÏENCES - PORCELAINES

TABLEAUX DE DIVERSES ÉCOLES

Dessins Anciens

ESTAMPES - MINIATURES - LIVRES

Armes, Fers, Cuivres, Etains

OBJETS DE VITRINE

MEUBLES

Bahut Louis XIII, Armoire ancienne, Buffet sculpté
Coffre, Glace, Tapis, etc.

Me FOURNIER, Commissaire-Priseur
29, Rue de Maubeuge, PARIS

EXPOSITION PUBLIQUE :
Le Lundi 22 Juin, de 1 h. ½ à 6 h. ½

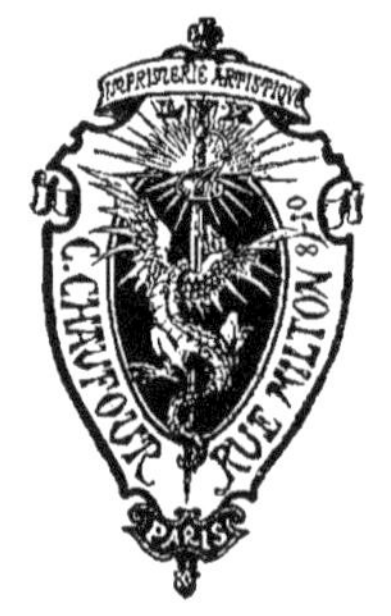
IMPRIMERIE ARTISTIQUE
C. CHAUFOUR
RUE MILTON 8.10
PARIS

CONDITIONS DE LA VENTE

La vente sera faite au comptant.

Les acquéreurs paieront *dix pour cent* en sus des enchères.

L'Exposition mettant le public à même de se rendre compte des objets, aucune réclamation ne sera admise une fois l'adjudication prononcée.

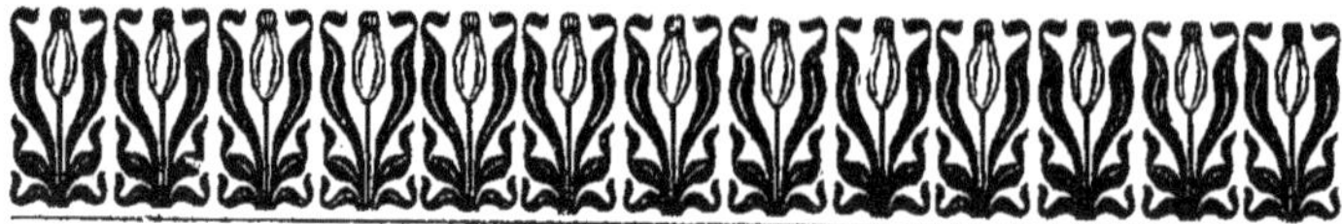

DÉSIGNATION

LIVRES

1 — Trois almanachs Empire. 1808 à 1817.

2 — Contes moreaux de Marmontel. 3 vol. rel. veau marbré. Gravures de Gravelot et Cochin.

3 — La Galerie du Président Lambert. Représentant l'apothéose d'Hercule. 1 grand vol. rel. veau marbré. 14 pl. gravées sous la direction de B. Picart d'après Le Brun. Chez du Change à Paris, 1719.

4 — Tableaux du Temple des Muses. Un grand vol. relié parchemin. Edition originale. 60 pl. gravées par Blomaërt. A Paris, chez A. de Sommaville, 1655.

5 — La Galerie du Palais-Royal. Dédiée à S. A. S. Monseigneur le duc d'Orléans. 1 vol. rel. mar, vert, fers dorés. 78 pl. grav. d'après les tableaux des maîtres. Chez Damour à Paris, 1786.

6 — Le Génie des Beaux-Arts. 1 vol. rel. Quatorze estampes toute marge par A. Kauffmann, de Girard, Caresme et Lagrenée.

7 — La Galerie du Palais Farnèse. 1 vol. couvert parchemin. 30 pl. grav. d'ap. les peintures d'Annibal Carrache.

8 — Table Anatomique. 1 vol. rel., 28 pl. grav. par P. de Cortonne. Ex-Typographia Antonï de Rubeïs. Rome, 1641.

9 — Rome Antique. Monuments. Architecture. Perspective. Sculptures. 1 vol. rel. 130 pl. grav. sous la direction de I. de Sandrart. De l'Imprimerie de S. Froberg à Nuremberg, 1686.

10 — Les Fastes de la Nation Française. 3 vol. rel. 300 pl. grav. par et d'après Swebach, Duplessis-Berteaux, Lafitte, Martinet.

11 — Campagnes des Français. 1 vol. rel. 60 planches par Carle Vernet.

12 — Guerres de la Révolution et du Ier Empire. 1 album rel. pl. grav. au trait par et d'après C. et H. Vernet, David, Gros, Taunay, Girodet, etc.

13 — Masques et Visages. 1 album relié, 30 pl. lithograph. par Gavarni.

14 — La Sagesse des Nations. 1 alb. rel. 25 pl. litho par Randon.

15 — Proverbes en actions et Fantaisies artistiques. 2 alb. litho par Victor Adam.

16 — Les Chansons nationales et populaires de France. 2 vol. rel. grav. sur acier par Geffroy, Traviès, Girardot, Gavarni.

17 — Les Métamorphoses du Jour, 1 vol. rel. litho coul. par Grandville.

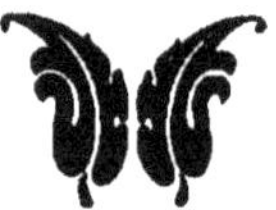

FAIENCES ET PORCELAINES

18 — Tasse trembleuse porcelaine à la Reine.

19 — Tasse Sèvres, portrait de Mme de Sévigné.

20 — Petite tasse porcelaine Empire, décor vert et or, et deux tasses et soucoupes Japon.

21 — Deux statuettes, vaches, faïence décorée Delft.

22 — Plat Delft, décor bleu queue de paon.

23 — Deux bénitiers en ancienne faïence.

24 — Deux petites coupes en vieux Chine, dont une montée.

25 — Petite potiche jouet Chine et bol bleu.

26 — Deux assiettes, décor de Delft.

27 — Deux coupes faïence de Chypre.

28 — Soupière Moustier, décor jaune.

29 — Sucrier Empire, fond rouge et or

30 — Vase étrusque (fracturé).

31 — Saladier à l'arbre d'amour, en ancienne faïence franco-nivernaise.

32 — Pichet normand, en ancienne faïence normande.

33 — Petite soupière avec couvercle surmonté d'un oiseau, ancienne faïence d'Alcora.

34 — Bouteille à double anse en ancienne faïence, polychrome de Rhodes.

35 — Potiche à huit pans en ancienne faïence de Delft bleu.

36 — Pot en ancienne faïence italienne.

37 — Sucrier a poudre en ancienne faïence de Rouen.

38 — Pot pourri en porcelaine de Jacob Petit.

39 — Deux assiettes vieux Chine, les bords cerclés d'argent.

40 — Sucriere a poudre, ancienne faïence de Rouen.

41 — Plat hispano et un plat en Alcora.

42 — Sucriere porcelaine blanche à fleurs Paris.

43 — Pot a surprise et moutardier en faïence ancienne de Picardie.

44 — Deux pots de pharmacie ancienne faïence à décor bleu, Theriaca-Lenitivium.

45 — Deux pots de pharmacie, décor bleu avec pieds en cuivre.

46 — Cornet en vieux Chine vert (fracturé).

47 — Assiette en faïence polychrome de Rouen, décor à l'oiseau.

48 — Deux assiettes en vieux Marseille, décor de chinoiseries.

49 — Coupe en ancienne faïence avec écusson armorié.

50 — Deux statuettes porte-bouquet : Berger et Bergère, faïence polychrome.

51 — Groupe en vieux biscuit : l'Amour corrigé.

52 — Groupe ancien en pierre tendre : l'Enfant et l'Aveugle.

53 — Groupe : Enfants et Chèvre, faïence décorée.

54 — Plat ancien en porcelaine, décor bleu et or.

55 — Plat italien, ancienne faïence polychrome.

56 — Plat de forme ovale, à côtes, décor bleu de Rouen.

57 — Deux assiettes en porcelaine de Vienne.

58 — Bouteille plate en vieux grès, gris et bleu.

59 — Grand vase étrusque, décor de personnages en brique sur fond noir (restauré).

60 — Baquet en ancienne faïence décorée, le couvercle orné de poissons.

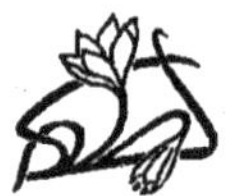

ARMES, FERS, ÉTAINS, CUIVRES

61 — Hallebarbe et pique en fer ouvragé.

62 — Paire de petits pistolets en fer.

63 — Paire de pistolets époque Louis XIV avec écusson argent.

64 — Pistolet dit éprouvette.

65 — Pistolet Louis XV.

66 — Dague ancienne en fer, la poignée avec un serpent enroulé.

67 — Poignard avec fourreau en fer avec dorure.

68 — Épée allemande avec garde en fer.

69 — Épée à lame triangulaire, poignée en bronze.

70 — Épée de cavalier lame à plat doré, garde en fer, pliante.

71 — Sabre de la Révolution fourreau et poignée avec monture en bronze ciselé et doré.

72 — Couteau de veneur, fourreau à gaîne avec couteau à dépecer; la poignée et le fourreau garni argent ciselé.

73 — Couteau de veneur, manche à tête d'oiseau, fourreau ornementé.

74 — Casque de fer, piquier de Henri II.

75 — Casque en fer dit Bourguignotte, époque Louis XIII.

76 — Plastron de cuirasse en fer, époque Louis XIII.

77 — Deux gantelets.

78 — Pulverin en fer à panse côtelée Louis XIII.

79 — Deux poires a poudre, l'une en fer, l'autre en cuivre.

80 — Dague de la Renaissance Italienne, lame gravée et dorée, poignée en ivoire sculpté.

81 — Un étrier de dame en cuivre et une paire d'éperons Louis XIII.

82 — Trois clés anciennes en fer ciselé.

83 — Pelle a encens et deux tirbouchons en fer ouvragé.

84 — Serrure avec sa clef, époque Louis XIII, fer ciselé repoussé.

85 — Deux figurines : Anges en fer forgé et repoussé, XVIe siècle.

86 — Petite jardinière Renaissance en fer ciselé ornée de motifs, mascarons, rinceaux et chimères.

87 — Coffret Louis XIII en fer avec enluminures.

88 — Coffret à double clé Louis XIII, fer.

89 — Coffret orné de bande en fer repoussé.

90 — Miroir Louis XIII avec cadre en fer repoussé et ciselé.

91 — Marteau de porte Louis XIV en fer forgé.

92 — Fontaine et son bassin en cuivre rouge, armoiries et ornements.

93 — Samovar Louis XVI en cuivre rouge, ornements et anses en cuivre jaune.

94 — Samovar Empire en cuivre rouge avec couvercle côtelé.

95 — Navette a encens en cuivre repoussé et deux petits flambeaux en cuivre.

96 — Croix processionnelle en fer repoussé, ornements gravés et argentés.

97 — Plat d'étain d'Ebstein présentant des scènes de la Résurrection. Travail allemand XVIe siècle.

98 — Plat d'étain, au centre un cavalier, l'ombelle décoré de cavaliers et d'attributs.

99 — SEAU A EAU BÉNITE en étain, XVIIe siècle.

100 — AIGUIÈRE en forme de casque étain gravé.

101 — BOITE porte hostie en étain.

102 — ÉCRITOIRE et poivrière en étain.

OBJETS VARIÉS

103 — Deux eventails Empire en corne.

104 — Collier Empire en corail.

105 — Coffret Louis XIII en ésaille rouge garni argent.

106 — Coffret Louis XIII avec glace intérieure orné de sujets enluminés sur parchemin.

107 — Plaquette composant la couverture d'un livre d'heures, orné de pierres du Labrador et de quatre émaux anciens.

108 — Salière double en ancien émail de Limoges.

109 — Médaillon orné de deux émaux anciens sur or, signés à l'intérieur.

110 — Montre en argent doré, époque Directoire, ornée d'un émail, sonnerie à répétition et surprise de Breguet, à Paris.

111 — Petit groupe ivoire, le chien du régiment.

112 — Grande statuette, Vierge en bois doré et peint, XVIIe siècle.

113 — Statuette en bois, la Vierge et l'Enfant, xviie siècle.

114 — Statuette de Vierge en ivoire, xviie siècle.

115 — Deux statuettes en bois sculpté et peint formant pendant.

116 — Reliquaire en bois sculpté et peint. Espagne xviie siècle.

117 — Deux consoles à accrocher en bois sculpté et doré, têtes d'anges, époque Louis XIV.

118 — Petit groupe en bois sculpté présentant la Nativité, sous verre.

119 — Christ en ivoire ancien.

120 — Christ en ivoire ancien avec cadre Louis XIII en bois sculpté et doré.

121 — Vierge en ivoire, époque Louis XIV, avec cadre en bois sculpté et fond d'ornement en broderie d'époque.

122 — Boite et navette en buis travaillé.

123 — Rouet avec accessoires.

124 — Coffret en cuir Louis XIII.

125 — Modèle de navire à trois ponts avec coque en cuivre et gréément en ivoire.

126 — Trois cadres anciens avec images et broderies Louis XIV.

127 — Pendulette Renaissance à quatre faces en forme de clocheton, bronze doré.

128 — Trois gilets anciens broderie et argent, Louis XV, Louis XVI et Empire.

129 — Deux coiffures russes, broderies.

130 — Dalmatique en soie ancienne.

131 — Lambrequin en velours orné d'applications de tapisserie au point.

132 — Buste en terre cuite, Litz, par A. Carrier-Belleuse.

133 — Buste en platre portrait de femme du XVIIIe siècle.

PEINTURES

134 — NATURE MORTE, école hollandaise, cadre bois sculpté ancien.

135 — DEUX MARINES, genre de Joseph Vernet.

136 — FLEURS, cadre bois sculpté ancien.

137 — BAIGNEUSES et ruines, attribué à Demachy.

138 — CHOC DE CAVALERIE, par Asselyn, signé à droite et daté.

139 — PORTRAIT, homme XVIIIe siècle, école anglaise.

140 — SCÈNES DE LA VIE DU CHRIST, deux pendants sur cuivre.

141 — ADORATION, peint sur ardoise, cadre L. XIII.

142 — PAYSAGE avec animaux attribué à Paul Potter.

143 — MARINE. Ecole de 1830.

144 — PORTRAIT d'homme à cheval, genre de Carle Vernet.

145 — ECOLE FLAMANDE. Satyre nymphe et enfants jouant avec des tigres, peint sur bois par Martin de Vos.

146 — PORTRAIT d'enfant en costume Louis XV. Cadre ovale en bois sculpté.

147 — PAYSAGE d'après l'Ecole Hollandaise.

148 — INTÉRIEUR de chaumière attribué à Lépicié.

149 — PORTRAIT de jeune homme de la Révolution tenant un violon. Attribué à Heinsius.

150 — RENAUD ET ARMIDE, esquisse attribuée à E. Delacroix.

151 — VACHE au pâturage. Ecole 1830.

152 — PAYSAGE. Esquisse, effet du matin, attribuée à Corot.

153 — PETIT PAYSAGE, croquis peint, attribué à Corot.

154 — ETUDE de paysage avec des oies. Ecole 1830.

155 — ESQUISSE, sujet : Charles le Téméraire. Ecole 1830.

156 — ESQUISSE attribuée à Th. Couture.

157 — AQUARELLE. Marine par J. Noël.

158 — AQUARELLE. Marché turc attribué à Decamps.

159 — PASTEL. Portrait de jeune femme. Cadre style Louis XVI.

160 — PHYSIONOTRACE en couleurs monté sur une boîte ivoire cerclée d'écaille.

DESSINS

ESTAMPES, MINIATURES

161 — Miniature ancienne : Portrait de jeune fille gravant son nom sur un arbre, monogramme J. J. C.

162 — Miniature ancienne : Portrait d'homme assis tenant un livre, attribué à Lepère.

163 — Bouquet de fleurs au pastel, attribué à Diaz.

164 — Miniature ancienne par Morillon de Tours, portraits de l'artiste et de sa famille.

165 — Miniature ancienne : Portrait de femme en guimpe blanche et bonnet.

166 — Miniature ancienne : Femme coiffée d'un turban rouge.

167 — Miniature ancienne : Femme en costume d'indienne avec un châle et un bonnet de dentelle.

168 — Miniature ancienne : Femme époque 1830 en robe bleue avec un médaillon.

169 — Grisaille en forme de broche par Sauvage.

170 — Email : Portrait d'enfant 1830.

171 — La Surprise agréable. Le Roi d'Ethiopie, deux estampes anciennes par Vidal.

172 — Le Modèle bien disposé. Eestampe ancienne par Leprince.

173 — Angélique et Médor. Estampe ancienne par Giovano-Veneto.

174 — L'Amour quêteur. Petite estampe ancienne en couleurs.

175 — Le Marchand de mort au Rat. Belle épreuve ancienne par Vischer.

176 — Berger écossais. Estampe anglaise ancienne à la manière noire.

177 — Etude de chevaux par Debucourt d'après C. Vernet. Trois estampes en couleurs.

178 — Deux estampes : La Terre, le Feu, par Moreau.

179 — Offrande a l'Amour. Estampe ancienne ovale tirée en bistre.

180 — Le Mauvais Riche. Eau-forte de Rembrandt. Cadre ancien bois sculpté.

181 — Dessin au lavis : Un homme tenant une coupe. Attribué à Raphaël d'Urbin. Cadre ancien bois sculpté.

182 — La Chercheuse d'esprit. Estampe ancienne gravée par Van Loo.

183 — Paul et Virginie. Estampe ancienne gravée par Debucourt.

184 — Pastorale. Dessin ancien au crayon noir et blanc.

185 — Esquisse au crayon rehaussé de plume : Figures mythologiques. École Française du XVIIIe siècle.

186 — Cariatide. Dessin lavis au pinceau. Attribué à Prudhon.

187 — Combat de cavalerie. Dessin rehaussé de blanc. École Italienne XVIe siècle.

188 — Le Serpent d'airain. Dessin à la plume, par R. de La Fage, 1682. Signé, daté.

189 — Animaux et faunes. Dessin lavé au pinceau, par Roos de Tivoli.

190 — Dessin à la plume, plafonnant. Attribué à Tiepolo.

191 — Le Christ en gloire. Dessin rehaussé à la sépia. École Française XVIIe siècle.

192 — Croquis en blanc sur papier gris. Attribué au chevalier Piranesi, xviie siècle. Italie.

193 — Groupe de deux enfants. Crayon rehaussé, par Lepicié.

194 — Sanguine rehaussée de blanc présentant un homme vu de dos. Attribué à Carle Van Loo, monogramme CV.

195 — Portrait de femme vue de profil. Dessin rehaussé en couleurs. Attribué à Carmontelle.

196 — Dessin au crayon noir : Étude d'un vieillard appuyé sur un bâton. Attribué à Chardin.

197 — Vénus et les Amours. Contre épreuve ancienne en sanguine. Attribuée à Coypel.

198 — Allégorie de l'hiver. Dessin ancien à la sanguine. Attribué à François Boucher.

199 — Portrait de jeune femme. Dessin ancien au trois crayons sur papier gris vert. Attribué à François Boucher.

200 — Quatre croquis à la mine de plomb. Attribués à Jeaurat.

201 — Croquis au crayon noir rehaussé de blanc : Deux personnages et un enfant. Attribué à H. Fragonard.

202 — SANGUINE ancienne rehaussée au blanc : Scène à cinq personnages représentant le sommeil de l'Enfant Jésus. Attribué à H. Fragonard.

203 — CROQUIS crayon noir rehaussé de blanc : Groupe de trois figures. Dessin ancien. Attribué à H. Fragonard.

204 — L'AMOUR enchaîné par les grâces. Dessin ancien à la mine de plomb. Signé R. Valier, daté 1797.

205 — BUSTE de jeune femme. Dessin ancien au deux crayons, XVIIIe siècle français.

206 — ÉTUDE de jeune femme en buste. Dessin ancien au crayon de couleurs.

206 *bis* — DEUX DESSINS au crayon noir, par de Boissieu.

207 — CROQUIS au deux crayons : Homme assis en costume du XVIIIe siècle français. Attribué à Heim.

208 — CROQUIS d'une jeune femme assise en costume du Directoire.

209 — LE CONCERT EN FAMILLE. Dessin ancien au crayon noir et blanc, XVIIIe siècle français.

210 — BACCHANALE. Crayon noir estampé. Attribué à Sauvage.

211 — PORTRAIT militaire. Dessin à la mine de plomb rehaussé d'aquarelle.

212 — PETIT PORTRAIT d'homme en costume de l'époque Louis XV. Dessin rehaussé. Attribué à Peronneau.

213 — DESSIN A LA PLUME et au lavis : Scène champêtre. Attribué à Mallet.

214 — HUIT CROQUIS militaire à la plume.

215 — NEUF DESSINS originaux à la plume et au crayon, par E. DELACROIX, portant le cachet de la vente (à diviser).

216 — PORTRAIT en profil de jeune femme, dessin rehaussé de pastel, par BOILLY.

217 — RUINES, petite gravure ronde en couleurs, par JANINET.

218 — PORTRAIT de femme profil à gauche, dessin à la sanguine, par TRINQUESSE.

219 — PORTRAIT de M. de la Mettrie, dessin au crayon noir, par DEVERIA.

220 — SANGUINE, étude de jeune homme assis, par BOUCHARDON.

221 — Paysage de Tivoli, lavis, par A. Vauthier.

222 — Pégase, esquisse au crayon blanc et couleurs sur papier bleu, attribué à Carpeaux.

223 — Dessins divers, sans attribution.

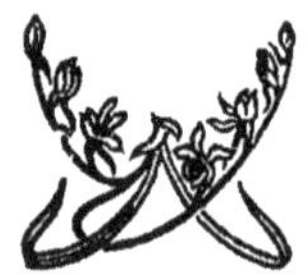

MEUBLES

224 — Bahut Louis XIII, à colonnes et aigles.

225 — Armoire ancienne, style François Ier.

226 — Coffre à bois, devant sculpté.

227 — Buffet à deux corps avec ornements sculptés, attributs des Arts.

228 — Haute glace, encadrement doré.

229 — Jardinière à pied en marqueterie d'écaille et de cuivre, ornements en bronze.

230 — Baromètre Louis XVI, bois sculpté et doré.

231 — Grande pendule en marqueterie d'écaille et cuivre, Boulle, ornements en bronze doré, cadran à chiffres émaillés.

232 — Paravent ancien à quatre feuilles, décor de chinoiseries dans la manière de Le Prince.

233 — Lustre cristal moderne.

234 — Flambeaux style gothique à motifs de feuillage en cuivre.

235 — Deux petits tapis anciens, fond orangé, décor vert.

236 — Tapis de pied à fond rouge et bleu.

237 — Objets omis.

www.ingramcontent.com/pod-product-compliance
Ingram Content Group UK Ltd.
Pitfield, Milton Keynes, MK11 3LW, UK
UKHW020529180726
13839UKWH00005B/2409